AF313351

LE TYRAN

LE

TYRAN

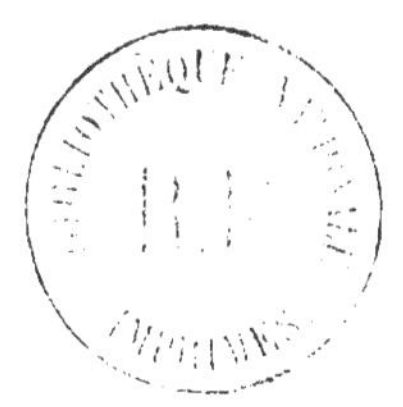

BRUXELLES

IMPRIMERIE DE Ve J. VAN BUGGENHOUDT,
Rue de l'Orangerie. 22.

1862

NOTICE

Nous livrons au public, et sans commentaire, une œuvre à laquelle il nous est impossible d'assigner une date précise, et dont l'auteur reste inconnu pour nous malgré toutes nos recherches.

Tout ce que nous savons sur l'origine de ce livre, c'est qu'il provient de la collection d'un savant français, grand amateur de curiosités littéraires et de vieux manuscrits. — Le manuscrit aurait été acheté dans une vente publique, faite à Paris peu de temps après la révolution de février 1848, et se trouvait compris dans un lot de vieux papiers dont voici l'exacte description :

Ce lot était recouvert d'une cote sur le recto de laquelle était écrit : *Cote* 96, et à côté de ces mots un paraphe qui parait avoir été apposé comme il est d'usage sur les papiers inventoriés; il y avait en outre la mention **Papiers divers** et en parenthèse : (*sans valeur*). — Quatre manuscrits, tous écrits de la même main, étaient contenus sous cette enveloppe.

Le premier porte à l'entête le titre suivant : « **Des lettres de cachet et des prisons d'État, ouvrage posthume composé en 1778, à Hambourg, 1782.** »

Viennent ensuite de nombreux extraits dudit ouvrage avec l'indication de la partie et de la page où les extraits ont été puisés.

Le papier des quatre manuscrits est un papier Verger, de teinte bleuâtre, et a en filigrane le nom de DUROCHÉ.

Le second a pour entête : « **Entretiens de Phocion sur le rapport de la morale avec la politique, traduits du grec de Nicoclès, à Amsterdam, 1763.** » Il ne contient que des pensées extraites des **Entretiens de Phocion** et notamment tout ce qui a forme d'aphorisme et de sentence. Le copiste s'est appliqué à faire ressortir en marge le sujet de chaque paragraphe.

Le troisième manuscrit, fait dans le même esprit de recherche que les deux autres, se compose de nombreux extraits tirés de Machiavel et notamment du **Prince.** — On voit en marge quelques annotations de critique, mais d'une critique sans intérêt.

Vient enfin notre manuscrit qui diffère des autres non seulement dans l'apparence, mais encore dans le travail de l'écrivain.

Le papier est partagé en deux dans sa longueur. — D'un côté se trouve le texte latin que nous publions et de l'autre la traduction française telle que nous la donnons, à quelques corrections près. — L'homme qui a patiemment transcrit des extraits de Mirabeau et de Machiavel est-il l'auteur du texte latin ou bien en est-il seulement le traducteur? Cette question se présente bien vite à l'esprit, mais il ne faut pas un long examen pour la résoudre. — En effet, tandis que d'une part le latin est écrit couramment et sans rature, d'autre part le français, raturé et modifié presque à chaque ligne, révèle tout le soin et l'effort de la traduction. — Rien n'est plus déterminant et l'on peut en conclure avec certitude que notre copiste n'est que le traducteur d'un texte latin dont l'auteur reste inconnu.

Quant à l'époque où la traduction a été faite, on doit la faire remonter, d'après le caractère de l'écriture et la nature du papier, vers la fin du xviiie siècle, c'est-à-dire dans une période qui serait de 1760 à 1800.

Nous avons recherché si quelque signature ne se rencontrerait pas au milieu de tous ces écrits et nous n'avons rien trouvé qui pût nous éclairer ou nous mettre sur la voie. Un seul nom tronqué était écrit en marge hors du texte et comme d'une plume qu'on essaie : *M. L. V. Chapp;* mais à côté s'en trouvait un autre, presque indéchiffrable, que l'on peut cependant traduire par le nom de *Velnac;* — auquel s'en tenir?

AVANT-PROPOS

Le lecteur remarquera que plusieurs textes et quelques citations ont été interpolés par le traducteur; nous avons dû respecter ce travail qui répondait directement d'ailleurs à l'esprit de l'œuvre. C'est ainsi que nous avons laissé subsister un passage bien connu, tiré du *Traité sur la servitude* de **La Boëtie,** passage écrit tout entier de la main du traducteur à la suite du texte français. — Du reste nous avons pris soin de noter les fragments qui ne sont pas contenus dans le texte latin.

LE TYRAN

DE TYRANNO

CHAPITRE PREMIER

CE QUE C'EST QUE LE DESPOTISME.

Il n'y a que deux manières d'être pour un peuple : ou il se gouverne, ou bien il est gouverné.

Dans le premier état, plusieurs formes de gouvernement sont possibles, et elles varient suivant que la nation a dans les affaires publiques une part plus ou moins grande, plus ou moins directe. — Toutes ces formes diverses ont entre-elles un rapport, un lien commun dans cette participation même,

CAPUT PRIMUM

QUID SIT TYRANNIS.

Duo tantum in civitate modi : aut seipsam regit aut regitur.

Prioris in imperio modi varia possunt esse species, quæ differunt inter se prout populus plus minusve publicas res capessit. Hæ omnes autem formæ civitatis inter se, in hàc ipsa rerum participandarum facultate, commune aliquid habent et observant. Sic tu non absurde rempublicam etiam diceres in

et c'est ainsi que [Machiavel] (1) a justement appelé République française la France monarchique, parce que dans un gouvernement monarchique il y a des lois qui sont le patrimoine et la sauvegarde de tous.

Mais quand un peuple, abandonnant ses droits, ses lois, veut être gouverné, il n'y a plus désormais qu'une seule forme qui est le despotisme.

On peut changer le despote, on ne change pas la nature du despotisme.

[Il reste ce que déjà on l'a défini : « Le gouvernement où un seul, sans loi » et sans règle, entraine tout par sa » volonté et par ses caprices. »] (2)

(1) Interpolation.
(2) Interpolation.

civitate manere, quæ tamen sub rege viveret ; namque ubi regia est auctoritas valent etiam leges quæ cunctis hæreditas et tutela sunt.

Si quis vero populus, jure suo et legibus suis derelictis, se prorsus velit ab uno homine regi, una resta forma, quæ tyrannis est.

Tyrannum quidem mutare posses, non tyrannidis naturam.

CHAPITRE II

C'est toujours par le fait d'un homme que se fonde le despotisme, par le fait du tyran; — mais il ne se fonde jamais que sur l'impuissance ou la corruption d'un peuple.

On a remarqué trois sortes de tyrans et, en même temps, trois moyens de tyrannie. Les uns ont le royaume par la conquête, les autres par l'élection, d'autres enfin par succession; et l'on a fait observer avec raison que le plus

CAPUT SECUNDUM

Ex facto hominis semper, ex facto tyranni, fit tyrannis; sed nunquam nisi super imbecillitate et corruptione populi fundatur.

Tria tyrannorum genera notaverunt simulque tres tyrannidis vias. Tyrannicum imperium alii armati, alii suffragati capiunt, alii autem hæreditarium obtinent ; et jure animadversum est hunc esse maxime metuendum qui po-

dangereux est celui qui s'empare des pouvoirs que l'élection lui a confiés pour les tourner contre sa patrie et au profit de sa race. Il faut ajouter un quatrième moyen plus perfide encore et qui engendre la pire espèce de tyrannie, je veux dire l'usurpation qui use à la fois de la violence et de la trahison.

Quelle que soit la terreur imprimée par les armes du conquérant, elle laisse subsister l'esprit de nationalité et elle le grandit même par le sentiment de la résistance :

« Ceux qui ont acquis le pouvoir par
» le droict de la guerre s'y portant
» ainsi qu'on cognoist bien qu'ils sont
» comme on dict en terre de con-
» quèste. » (La Boëtie.) (1)

Cet esprit de nationalité subsiste encore sous la domination d'un roi devenu tyran, parce que le peuple voit toujours en lui le représentant d'un passé qu'il est habitué à respecter. Enfin il arrivera qu'un peuple trahi par celui-là même qu'il avait élu se résigne impatiemment tout en conser-

testatem sibi suffragio populi traditam quasi fiduciariam torquet ut contra patriam et pro suis eam adhibeat. Accedat, ut quartum genus, idem perfidius et quo pessima direptoris fingitur tyrannis, qui simul vi et proditione utitur.

Quantoscumque terrores injiciat qui populum armis debellatum subdiderit, patrius superest animus et eo crescit quod renitendo se vividum sentit; ille autem animus ipse non deficit sub rege qui factus est tyrannus, populo etiam æstimante cum præteriti temporis sobolem et imaginem quod more sueto et translaticio veneratur. Denique videbis forte populum, post magnam ejus cui suffragatus erat proditionem, meliora, quamvis impatienter, exspectantem et interea tacite jura sua semper meditantem. Desperandum autem de populo qui sibi conscius tyranno se præstat consortem, quoniam ipse pactionem reipsa fecerit cum injustitiâ et vi : has videt, his acclamat, quas sponte accipit suæ deinceps vitæ comites.

---

(1) Passage interpolé par le traducteur.

vant le sentiment de ses droits. — Mais il faut désespérer d'une nation qui se fait complice de l'usurpateur, parce que ce jour-là elle pactise sciemment avec la violence et l'injustice ; elle les voit, elle les acclame et les accepte comme les conditions de sa vie à venir.

Les trois premières sortes de tyrannie peuvent donc se concevoir encore malgré l'énergie d'un peuple, tandis que celle-ci ne se produira que chez un peuple déjà corrompu ou affaibli. — Or, comme rien n'affaiblit plus une nation que les discordes et les dissensions civiles, on peut dire que ce sont elles qui préparent l'usurpation ; mais c'est le crime qui la commet.

Il faut s'arrêter à ce spectacle d'une société subissant volontairement le joug du despote. La pensée qui s'attriste des succès du mal veut en pénétrer les causes et elle se sent heureuse lorsqu'elle parvient à les expliquer par des raisons qui atténuent la honte des uns en même temps qu'elles rabattent le triomphe des autres.

Or, on voit que dans un grand pays il suffit d'un petit nombre de gens pour

Tria igitur, quæ prima fuerunt designata, tyrannidis genera, populo etiam valente, non ita sunt naturæ rerum absona ; quartum autem non esse potest, nisi apud populum jam corruptum et attenuatum. Atqui gens ut discordiis et dissensionibus præcipue extenuatur, dixisse licet ab iis injustam et tyrannicam usurpationem præparari, quam scelus tamen unius perpetrat.

Insistendum est ut plane societatem consideremus tyranni jugo se ipsam subligantem. Mens enim, quæ mali superbos eventus mœsta videt, eorum causas requirit intus et curâ levatur si quædam reperiat quibus horum minuatur deformitas etillorum explodatur triumphus.

Magnâ in civitate pauci sufficiunt ad res vertendas, rebus que versis, populus

faire une révolution ; et, la révolution une fois faite, on voit le peuple maintenir ce qui est par la raison qu'il faut vivre, la question politique n'étant que secondaire pour le plus grand nombre. Mais comme il est plus facile d'organiser le silence que la liberté, la tyrannie se fait, et on la supporte par la même raison qu'il faut vivre.

C'est qu'en effet les nécessités de la vie commandent d'autant plus impérieusement que les populations se trouvent être plus nombreuses, et il en résulte ainsi qu'un empire a toujours dans la grandeur même de son étendue une cause d'affaiblissement de l'esprit politique. Par là s'explique comment, à Rome, une succession de crimes a pu amener cette succession de monstres qui ont tenu l'empire sans que les populations parussent s'indigner, ou se préoccuper autrement de savoir qui gouvernait le monde et comment il était gouverné.

La honte n'est donc pas tant à ceux qui se soumettent, parce que les besoins de la vie les tiennent sans défense, que le crime est à ceux qui osent entreprendre sur la patrie ainsi désarmée.

eas quæ novæ sunt sustinet, propter quod vivendum sit, nec turba civilem anteponat rebus omnibus ordinem ; utque facilius silentii quam libertatis modos imponas, tyrannis instruitur et eam tolerant eadem vivendi necessitate.

Cur non ? victuales curæ eo magis premunt animos et vexant quo plures ibidem sunt homines conglobati, atque sic in ipsà magnitudine suà magna civitas civicorum sensuum causam minuendorum habet. Inde notescit quomodo Romæ scelerum series seriem hanc adduxerit ferarum, quæ principatum semper tenuerunt, populis non, ut appareret, indignantibus neque aliter curantibus quis mundum gubernaret et quibus rationibus ille gubernaretur.

Facti igitur infamia non est tota eorum qui se submittunt ob annonam inermes, scelusque in his remanet qui patriam audent lacessere sic exarmatam.

CHAPITRE III

DE LA NATURE DU DESPOTE.

Parmi les politiques fameux que l'histoire signale, les uns n'ont eu en vue que le bien de leur patrie, les autres n'ont eu en vue que leur propre gloire ou leur ambition personnelle ou leur cupidité. Ceux-ci peuvent être des hommes extraordinaires ou des misérables, les premiers seuls sont de grands hommes, quel que soit d'ailleurs le génie des autres : c'est le désintéressement qui fait la grandeur.

CAPUT TERTIUM

DE TYRANNI NATURA.

Inter hos homines, quos historia notavit, insignes rerum publicarum tractatores, alii patriæ bonum collineare voluerunt, alii suæ tantum gloriæ consuluerunt vel suæ ambitioni vel avaritiæ. Ili ingenio egregii forte aut turpes erunt; illi autem, quantacumque horum fuerit mens, soli sunt magni. Magnitudo enim cum amore sui repugnat.

Le despote n'a pas d'autre mobile que l'ambition et l'intérêt personnels; il est tout entier dans le *Moi*. — Là est le secret de sa nature, et on en voit l'expression la plus énergique dans le tyran usurpateur, dont les autres despotes ne diffèrent que par le temps ou l'occasion.

Or, si c'est un effet de la bassesse et de la lâcheté de croire qu'il y a des situations telles qu'un pays doive se soumettre aux caprices d'une volonté et suspendre ses destinées au destin du tyran, exalter le tyran, l'homme qui nous a vaincus et nous tient courbés, est chez nous l'effet d'un inévitable orgueil : comment admettre que l'on ait été vaincu, à moins que ce ne soit par un homme supérieur! Aussi l'histoire a-t-elle surfait le plus souvent le triomphe des usurpateurs et leur mérite, [ainsi que le montre bien Machiavel en parlant de César :

« L'on peut savoir ce qu'il faut en
» penser par ce qu'on a écrit de Cati-
» lina ; et César est d'autant plus
» détestable par dessus ce malheureux,
» qu'on doit bien plus blâmer un
» homme qui a commis un crime que

Tyrannus vero propriâ ambitione, propriâ utilitate, nequaquam aliâ re instigatur: totus est in se. Hoc est naturæ, quæ illius est, intimum ; hoc vehementer, ut nihil supra, efficit tyrannum usurpatorem , cujus ceteri probe imaginem, salvâ temporum vel occasionis ratione, referunt.

Atqui cum ex animi turpitudine et ignaviâ ea esse credatur in civitate pericula ut se ipsam debeat unius arbitrio subjicere et fata sua cum tyranni fatis colligare, consectarium est illud et superbiæ nostræ junctum ut tyrannum qui nos et victos et pronos tenet summum esse dictitemus. Quis enim se victum fateri vellet nisi ab aliquo viro certe maximo? Itaque in historiâ sæpissime usurpatorum laudem ac virtutem supra rei miraculum extulerunt.

» celui qui n'a eu que l'intention de le » commettre. »] (Discours sur Tite-Live). (1)

Mais si l'on veut examiner de près, on verra que dans toute société il y a toujours une classe d'aventuriers qui, n'ayant d'autre règle que celle de leur instinct et de leur convoitise, sont en révolte permanente contre l'état social. — Sous l'empire des lois, dans un état régulier, cette classe d'hommes fournit la race des escrocs, des voleurs, en un mot des malfaiteurs de toutes sortes, et se voit comprimée et châtiée. — Au contraire, dans les temps de trouble et d'abaissement moral, on voit ces mêmes hommes apparaître à la surface et devenir les héros ou les heureux du jour ; transportés dans la sphère politique, ils fournissent la race des usurpateurs et des tyrans. — Il n'y a pas d'autre raison de leurs entreprises et en même temps de leur puissance : l'usurpateur n'est rien qu'un homme de proie.

Comme l'on chasse de race, il est ambitieux d'instinct ; et cet instinct est à lui seul tout une supériorité ; — car

Propius autem cuncta consideranti claret, esse semper, in omni publica hominum societate, genus quoddam erronum, qui cum in hoc tantum defixi sint ut suæ utilitati et cupiditati inserviant, communem civium suâ rebellione statum pertinaciter offendunt. Legum imperio manente normàque, genus istud origo est fraudatorum furumque, et, uno verbo, cujus que facinorosi, necnon comprimitur et mulctatur. Sin aliter, trepidis rebus atque moribus abjectis, eosdem eminentes videbis et nunc fortium vel beatorum personam agentes ; reique publicæ admixti, in hàc ereptores et tyranni procrescunt. Nulla est illis allia rerum quas audent, nulla dominandi ratio : civitatis captæ magister homo est prædatorius.

Ut venatici nascuntur, naturâ ille ambitiosus ; et hoc inditum naturæ studium per se est jam magna res et excellendi via. Namque, ut apud muta animalia cernitur, naturæ brutæ pro-

(1) Passage interpolé.

c'est le propre de l'instinct, comme on le voit chez les animaux, de ne suivre qu'un but unique, et de tendre les facultés vers ce but avec une force telle que rien au monde ne semble pouvoir les détourner ni même les distraire. — Là est la limite dans laquelle la brute s'agite, parce que, suivant l'impulsion, elle ne connaît plus d'obstacles que ceux d'une force supérieure ; tandis que l'homme est commandé par des notions de bien et de justice qui augmentent l'obstacle et atténuent la force de l'instinct. — Mais l'ambitieux, l'usurpateur, comme la brute dégagés des préoccupations humaines, l'emportent de toute la puissance que donne le mal dans les temps où il peut hardiment se produire.

Pour eux la société (*Socius, Socii*) est une proie et rien autre. Ce qu'ils dépensent de patience, de ruse et d'audace pour arriver à cette proie n'a rien d'égal que le génie des bêtes livrées à elles-mêmes. Ils arrivent par des détours que le monde admire, ne les comprenant pas, et par des crimes dont l'éclat même s'impose. Il en est qui sont parvenus jusqu'à une sorte de gloire ; mais dès l'instant qu'ils ont fait d'une

prium est finem unum persequi et omnes ad hunc obtinendum habilitates viresque intendi cum tanto nervorum robore ut nihil eas declinare possit vel etiam paulisper remittere. Hos intra terminos brutum animal vitam agitat suam, quia, ex ista impulsu, nihil, nisi majorem vim, obstantium percipit. Non ita est de homine, qui, contra, notitias habet boni et justi sibi imperiosas, et obstantium numero additas et inde minor fit naturæ impetus. Sed ambitiosus homo et publici juris eversor, quasi fera, cum res omnes humanas a se alienet neque omnino consideret, sibi vim maximam arripit, quæ communicatur ex malignitate ubi potest audacter exspatiari.

Huic hominum generi publica societas, id est sociorum congregatio, præda est et hoc tantum. Quid in hanc prædam denuo feriendam virium dolo, patientiæ et audaciæ impendunt unicum, ni bestiarum artes sibi relictarum attendas. Ad res propositas per flexus irrepunt quos vulgus miratur minime notos, necnon per scelera quæ grandia hoc ipso videntur quod inaudita. Nonnulli etiam usque ad aliquam laudem

société leur proie, ils se sont placés eux-mêmes hors de la société. Ils n'ont donc ni patrie, ni famille.

L'usurpateur est encore athée parce qu'il n'invoque Dieu que pour parvenir à ses fins, et ne croit en Dieu que lorsqu'il est parvenu.

pervenerunt; sed statim ut civilem societatem prædati sunt, ipsi sunt extra societatem, neque igitur iis est patria neque familia.

Reipublicæ latro ab omni etiam sanctà religione abhorret, quippe qui Deum nullum invocat nisi ut ad finem suum per hunc evehatur et ullum esse negat, nisi ipe sit ad fastigium evectus.

CHAPITRE IV

L'instinct est fatal; c'est pourquoi les démarches de sa nature font à l'usurpateur une condition à laquelle il ne peut échapper et dont les degrés nécessaires sont : *l'aventure, le crime, la démence.*

§ 1. Étant donnés l'instinct et l'occasion, parviendra-t-il? Et, en supposant qu'il parvienne, se maintiendra-t-il et pour combien de temps? Et, en admettant qu'il se maintienne, laissera-t-il

CAPUT QUARTUM

Natura fato regitur; quapropter tyrannus, naturæ suæ motu instinctus inevitabili, viam incedit quæ tria habet ex lege tempora, scilicet aleæ, sceleris et demum furoris.

§ 1. Innatus habitus animi pariter et occasio data jungantur; finemne adipiscetur propositum? Adeptusne etiam consistet et quamdiu? Firmatus demum et in ponderibus constitutus, poteritne

quelque chose après lui? Incertitude constante qui gouverne plus impérieusement que la volonté la plus tyrannique et paralyse même le génie en le tenant courbé sous une préoccupation implacable, le besoin du moment, qui ne lui laisse plus d'autres ressources que celles de l'expédient. Voilà le pivot sur lequel oscillent les destinées du tyran.

Ce n'est pas que toutes les entreprises de l'homme ne soient soumises à l'incertitude, mais Dieu n'a pas voulu qu'une même loi dirigeât et les unes et les autres. Et tandis que celles qui sont faites en vue du bien peuvent toujours s'affermir et devenir fécondes, celles du mal restent vacillantes, étroites et stériles.

Dans les premières, il y aura place pour les spéculations du génie, il y aura une œuvre possible et il s'y rencontrera cette suite de vues qui mène à l'accomplissement de l'œuvre; l'homme simple y trouve dans tous les cas, par la conscience du devoir, le guide de ses actions et le point d'appui d'où il défie les chances contraires. Dans le mal, il n'y a qu'une succession de faits isolés, sans enchaînement et sans suite, sorte

aliquid efficere quod speret post se mansurum? — Incertum unde constans dubitatio, quæ, voluntate impotentissimà potior, imperiosa est et summi etiam ingenii vim enervat, quod gravat et pertinaci obsessum tenet curà, nempe præsentis horæ, cui consulendum est illico, neque bonis, sed repentinis et temporariis artibus, quarum ope natat et natabit instabilis.

Cuncta quidem hominum opera et consilia ex incerto pendent ; sed omnia, volente deo, non eàdem lege reguntur. Quæque enim ad bonum spectant, validiora fieri semper possunt et ex se meliora producere ; quæ autem ad malum, nil nisi titubantia, strigosa et sterilia.

Illic erit idoneum ingeniis meditamentatum, et structile aliquid et designatio quœdam, quà forte monumentum quoddam exigent ; ibi simplex sententia utique inveniet, per officii conscientiam, rerum agendarum regulam et fundamentum et contra fortuitorum improvisos ictus tutelam. — Hic autem, in malo, scilicet, nihil contiguum, nihil arcte adstrictum, nihil consentaneum est inter facta, quæ tamen veluit scalas

de degrés pourtant auxquels on arrive sans les avoir prévus, mais où l'audace s'accroît à mesure qu'on les parcourt et entraîne plus loin encore. C'est ainsi que lorsque l'homme de bien peut se rassurer dans l'insuccès et rester maitre de lui-même, le méchant se voit plus aventuré à mesure qu'il se voit réussir. — César servant sa patrie sait où son génie le mène. César servant son ambition et franchissant le pas se livre au hasard, il le dit lui-même, et devient César aventurier.

§ 2. Une fois la lutte engagée, la condition de l'usurpateur est horrible, car il faut qu'à chaque instant de sa vie il soit prêt à tous les crimes, s'il est nécessaire, pour atteindre son but ou pour le défendre, et il ne peut affirmer que la nécessité ne se fera pas.

Quelle que soit la résistance, il faut qu'elle soit vaincue. Quelles que soient les ressources, il faut s'en servir.

Quelle sera la mesure du crime? Jusqu'où n'ira-t-il pas?(1)

(1) Ce passage, qui ne traduit pas exactement le latin, nous a paru avoir été ainsi écrit avec intention.

habent et gradus per quos ascendet imprudens, sed eo magis audacter quo altius et e terra longius evehetur. Sic homo bonus, dum improsperæ res aut adversæ sunt, de fiduciâ suâ non dejicietur et sui compos esse poterit; malus autem, quo feliciora sua videt, eo magis in ancipiti. Cæsarem de patriâ bene merentem non fugit quo genius ipsum ducat; Cæsar idem ambitione addictus et vetitum transiliens, seipsum fortunæ tradit, ut ipse fassus est, fitque Cæsar aleator.

§ 2. Collatis jam utrinque signis, tyranni conditio horrenda, nam singulis vitæ momentis ad omnia, si necesse fuerit, scelera paratus esse debet, ut destinatum locum captet vel defendat, neque habet undè ea non necessaria fore præsagiat.

Quantacumque sit adversantium civium repugnantia, evincendi sunt; qualiacumque sint adminicula, iis utendum. Qua ex parte stabunt et scelus et proditio? Quo non procedent? Hæc momenta rerum horrenda futurus libertatis publicæ raptor prævisa non refugit. Ex ejus ambitionis lege, bonum est quodcumque sibi adjumento esse

Conjonctures terribles devant lesquelles l'usurpateur n'hésite pas. Suivant la loi de son ambition, tout ce qui le sert est le bien, tout ce qui lui fait obstacle est le mal ; il n'y a plus d'autre notion dans sa pensée. Le bon droit, la justice, l'honneur, la vertu deviennent criminels parce qu'ils résistent ; la trahison, le meurtre, le pillage, la guerre civile avec tout son cortége d'horreurs sont des moyens légitimes parce qu'ils le servent et lui profitent. Par cette notion il est donc amené naturellement au crime, sans haine et sans passion, mais froidement et par calcul, de telle sorte que le crime est pour lui sans limites.

§ 3. On ne jouit pas impunément des succès du crime, parce qu'on n'a pas pu le commettre sans que la raison en fut profondément ébranlée. C'est pourquoi il y a une démence commune à tous les malfaiteurs, qui vient les frapper à un moment donné et les conduit fatalement à leur perte ; tout le monde est d'accord sur cette loi de morale.

Cependant tel est l'aveuglement de la foule en présence du succès, qu'elle a

videt, quidquid obstat, malum. Jam in eo ratio nulla est alia, discrimen nullum aliud. Æquum et jus, decus atque virtus, quòd tentanti resistant, flagitiosa fiunt ; proditio, cœdes, rapina, et bellum civile cum monstris, quæ secum agit, condigna et licita, quippe quæ utilia sint ei et commoda. Ex istâ igitur rerum notatione fit ut scelus ultro admittat, sine odio, sine calido mentis impetu, sed frigidus et meditatè, et sic usque ad infinitum.

§ 3. Nulla est beata suo turpi facinore vita, nec impune sceleratus quispiam ; scelus enim nunquam admiseris nisi tuum concusseris animum. Communis igitur et peculiaris dementiæ labes perversum quemque incidit, post tempus certum, et exitio fatali perdit. Nota est ea mentis lex et constat inter omnes.

Turba tamen si quis prospere rem gesserit, ita connivet ut semper absol-

toujours absous les usurpateurs, pourvu qu'elle les vit réussir. Il semble qu'à leur égard la raison d'État, la raison politique aient changé la morale et la justice, et qu'ils doivent échapper au sort commun. S'il ne s'agissait que de compter, il s'en trouverait bien peu qui pussent justifier le préjugé vulgaire. Combien d'ambitieux n'ont-ils pas été arrêtés par le gibet ou par le poignard ; combien d'autres, parvenus à saisir un instant le pouvoir, ont été pris de vertige et se sont précipités eux-mêmes dans l'abîme, où ils devaient finir de la fin des aventuriers ! à peine en comptera-t-on un qui, comme Auguste, ait joué son rôle jusqu'au bout dans ce long règne que l'empereur appelait lui-même une comédie.

Mais d'ailleurs, la raison d'État, son nom l'indique, ne peut être qu'une raison d'intérêt public et ne doit être appliquée que pour le profit de la chose publique.—Où est le véritable intérêt? Quelle est sa mesure? A quel instant doit-il prévaloir? Questions éternelles autour desquelles s'agite la grande révolution des sociétés et où l'erreur comme la vérité coûtent des flots de sang. Quiconque ose les résoudre em-

vat, dum valeant, libertatis ereptores, iique videntur, morum et justitiæ legibus per imperia, per pragmaticorum hominum placita mutatis et mutandis, sortem excedere communem ; quos numero paucissimos, si numeris tantum res rescinderetur, invenires qui vulgi opinionem per se ratam facerent. Quot enim ambitiosi cruciatibus vel gladio interierunt! Quam multi etiam alii, potestate occupatâ indè subitâ vertigine correpti, scipsos præcipites jecerunt in profundum, et temerariorum morte fuerunt, ut necesse erat, absumpti ; vix unus est qui, velut Augustus, partes susceptas ad extremum gesserit prælongo in regno quod ipse comædiam vocavit.

Imperia autem, ut nomen declarat, ad publicam rem tantum valere deberent et communis utilitatis causâ exerceri. Quæ vera sit utilitas? Quis utilitatis modus? Quâ in hora præpollere debeat? Hi sunt æterni disceptandi loci, quos circum magnus volvitur societatum cursus, cruorque, quum erroris, tum veritatis gratiâ, large effunditur. Quisque ibi se profitetur ambages aperturum, suo periculo in culpam incidit

porte la responsabilité de ses erreurs ou de ses crimes, et peut-être le mobile qui aura fait agir en atténuera-t-il la honte ou l'infamie. Mais il n'en est pas de même pour l'ambitieux qui, sans autre mobile que sa convoitise, s'empare d'une société dans le seul but d'y fonder la tyrannie, et ainsi, en supprimant la chose publique, supprime par cela même ce qu'on appelle la raison d'État.

Le tyran-usurpateur est donc voué à la démence par la lutte même dans laquelle il s'est engagé contre les lois de morale et de justice.

Ambitieux de gloire, il fera de la nation un instrument de guerre. Les yeux fixés sur la page d'histoire qui l'attend, il sacrifiera tout pour la rendre plus éclatante ; il bouleversera le monde au risque d'engloutir sous les ruines et son pouvoir et ses peuples, donnant ainsi le scandale d'un nouvel Érostrate.

Ambitieux de domination et de jouissances, il s'efforcera de ramener tout un peuple sous une même règle de discipline et de subordination, qui rende

aut flagitiosus fit, forte minus turpis aut infamis si quid excusationis consilium et causa facti tulerit. Aliter est de ambitioso, qui suâ tantum cupiditate ductus, societatem hominum tyrannidi suæ submissurus expugnat, et sic, publicam rem supprimendo, hoc ipsum, quod vocant imperia, supprimit.

Libertatis igitur temerator, necessitate quâdam, vecors et delirus ob certamen evadet, quo morum justitiæque leges profligare tentat.

Gloriæ militaris appetens, populum, ut machinam, instituet ad bella. Oculis intentis, quam ipsius factis destinat historia, paginam intuetur, et ea ut illustretur, ut splendeat, omnia effundet, mundumque penitus evertet, vel cum priculo sui ipsius imperii et populi sub mole obruendorum, novus et pessimi exempli Erostrates.

Propter dominationem et vitæ suæ commoditatem, conabitur ut universum redigat populum ad unam disciplinæ et obedientiæ normam quæ certius reddat

l'asservissement plus certain et l'autorité plus facile. Peu à peu, l'abaissement se faisant autour de lui et sa volonté devenant souveraine, il anéantira les uns après les autres ces éléments de vitalité propre que Dieu a mis au cœur de chaque nation, pour y substituer l'élément unique de sa règle inflexible ; comme s'il lui appartenait d'enserrer l'avenir dans le cercle de son cerveau. Ainsi, après une jouissance qui aura pu être longue et paisible, il aura fondé lentement la décadence d'un grand peuple. — Tel fut le rôle d'Auguste qui, enveloppé par l'encens de son siècle, n'y reconnut que la déification de sa personne et ne vit pas que sa Rome de marbre devait être le sépulcre du peuple romain.

En politique le Moi souverain n'est qu'une souveraine folie.

servitium faciliusque regimen. Cunctis paulatim depressis et voluntate ejus omnino dominante , singula destruet vitæ vitalis elementa, quæ Deus unicuique populo antiquissima posuit, et in eorum substituet locum regulam suam unicam et inflexam , quasi ipsius esset futura angusto suo capite concipere et definire. Itaque, post regnum forte longum et pacatum, lente ruinam magnæ civitatis instituerit. Talis enim fuit Augusti labor, qui, cum præsentis seculi laudibus et aris sibi fumantibus circumdaretur, nihil aliud quam nascentem suam divinitatem vidit neque suam marmoream sensit Romam Romani populi sepulchrum fieri.

Animus qui merito se ipsum exsistentem et unice sui arbitrum affirmat, jam unice delirus est, si totam in se rempublicam conferre et breviare velit.

<table>
<tr><td>

CHAPITRE V

Un seul ressort suffit au gouvernement despotique : *la police.* — Il ne s'agit que d'assurer la force nécessaire pour le mettre en mouvement.

Cette force s'obtient par la corruption de l'armée, la concussion dans les emplois et par l'abaissement moral dans le pays.

Le ministre, le soldat, le législateur,

</td><td>

CAPUT QUINTUM

Unum satis est tyrannidi machinamentum, ut rem suam gerat et regat, delatoria vis; quam ut excitet efficientia quæ dam invenienda et unice fundanda erit.

Hæc autem ex eo constat quod militem corruperis , magistratuum fidem venalem esse permiseris populique mores pejores feceris.

Principis legati et quæstores, milites,

</td></tr>
</table>

le juge et les fonctionnaires à tous les degrés sont les agents directs de la police du despote. La délation et la peur font le reste.

legum confectores, judices atque rerum publicarum quilibet ministri ad utilitates tyranni instrumenta delationis fiunt propria, quibus subveniunt etiam privati denunciatores et homines formidolosi.

CHAPITRE VI

PENDANT LE DESPOTISME.

Le commencement est toujours san-
glant.

*
* *

Lorsque la tyrannie se fait, tout ce
qui est bassesse adhère, tout ce qui est
improbité profite, et tout ce qui est
médiocrité succombe.

[Le tyran joue à coup sûr]. (1)

(1) Conclusion ajoutée par le traducteur.

CAPUT SEXTUM

QUIS SIT RERUM INTRA TYRANNIDEM ORDO.

Cruorem fundit ut ipsa fiat.

*
* *

Tyrannidi, dum fit, impuritas omnis
coalescit, perque eam quodcumque im-
probum est augetur, et intercedere
recusat quidlibet mediocre.

Tout est dans la volonté et le caprice d'un homme : le premier effet de la tyrannie est donc de supprimer l'esprit public.

Les citoyens ne sont plus que comme les ouvriers d'un vaste atelier, où le maitre a réparti le travail de telle sorte que chacun d'eux ne doit voir qu'une pièce de la machine dont il ne connaîtra pas l'ensemble, et qu'il n'a pas besoin de connaitre. Bientôt l'indifférence les gagne et il se produit alors cette monstrueuse anomalie, que les hommes étant groupés plus nombreux qu'ils furent jamais, les rapports étant entre eux plus actifs et plus fréquents, cependant la pensée s'isole, parcequ'il y a simultanéité d'efforts, non pas communauté. On ne pense plus, ou, ce qui est pire, on évite de penser.

N'y ayant plus d'esprit public, le citoyen vit dans l'ignorance des intérêts

Unius hominis voluntas et libido res omnes continet in se : unde primum ex tyrannide sensus civiles supprimuntur.

Jamque cives nihil amplius sunt quam operarii in ergastulo inclusi et intentâ domini curâ pensum ita viritim sortiti divisum ut eorum quisque opificii partem unam, neque ullam amplius, videat, operis summæ inscius et facile alienus. Mox incuriosi omnino sunt, quodque est prodigiosum, homines, dum inauditâ locos frequentiâ certos celebrant, mutuâ inter se et actuosâ conversatione magis ac magis commissi, communiter suam exercere mentem desinunt et solitarii sentiunt, quippe qui simul, non unâ laborent. Animus omnium languescit, quodque pejus est, consulto sibi motum omnem intimum vitat.

Publicarum rerum cura est nulla civibus, vivuntque patriæ suæ ignari et

et du sort de son pays, et subordonné cependant à l'inattendu que cache la pensée du maître. Il ne peut rien connaître, rien juger, rien prévoir.

Et ce n'est pas une condition médiocrement étrange que celle qui supprime tout d'un coup, dans la vie de l'homme, la sagesse, l'expérience et la prudence humaines et les tient impuissantes ou inutiles. Encore trouveront-elles à s'exercer lorsque le tyran est un homme de génie, parce que le génie a sa logique qui entraîne ou met en lutte ; mais au lieu d'une volonté guidée par le génie, s'il se rencontre une volonté hypocrite, vacillant suivant le seul instinct de sa conservation, voilà le pays condamné à l'état le plus incertain et le plus perplexe, l'état même de celui qui commande et qui lui-même est commandé par les hasards de l'aventure.

La sagesse alors devient niaiserie en présence de la force, l'expérience est un péril en face du hasard, et la prudence sert moins bien que les plus folles témérités. Ainsi se trouvent perdus ces beaux fruits de la vie.

commodorum vel sortis illius, obnoxii tamen rebus inexspectatis quas herus secum gerit in mente suâ opertas ; nihil cognoscere, perpendere, prævidere possunt.

Neque est modicus stupendi locus quòd ita uno ictu rescindantur, viventibus illis, sapientia, rerum experientia atque humana prudentia, inertes et inutiles factæ ; quibus etiam aliquo modo exercendis facultas oritur, cum ingenii vigore tyrannus excellat (hominis enim animo præpotentis ratio est directaque via quà cuncta trahuntur vel agitantur) ; sin occurrat, pro iis consilii strenui voluntatibus, unus qui, rerum omnium simulator atque dissimulator, nec non flexuosus, suæ ipsius salutis semper consultor, civitas vivere cogitur his incertis perplexisque conditionibus, quibus ipse vivit qui imperat et rursus legem suam ex fortunâ casuque accipit hæsitabundus.

Quæ cum ita sint, sapere est insipientia ; vi debacchante brutâ, res expertas retractare periculosum fortuitos inter casus, et minus prudentia prodest quam effusa temerariaque levitas.

Désormais il n'y a place que pour les spéculations de l'impudence, de la bassesse et de l'improbité. Elles seules vont vivre, profiter et s'épanouir sous le règne de la force et de l'aventure : le soldat spadassin, le courtisan prêt à tout, l'escroc enhardi lèvent la tête et apparaissent à la surface, tout le reste s'écarte ou se voit écrasé, et le despote repose sur cette boue.

Iste deinceps bene suum geret et præparabit negotium qui impudenter, qui abjectè, qui improbè ; namque, dum vis regnat, dum temeritas, sic tantum commode vivere est, et proficere et sese porrigere. Sicarius miles, ad omnia paratus principis assentator, nec jam ulla timens fraudulentus emicant et sublimes exsiliunt ; ceteri discedunt vel conculcantur, atque tyrannus super hanc fæcem innititur.

*
* *

[On a dit : la corruption ne vient pas d'en bas. — Soit. — Mais elle y arrive]. (1)

*
* *

La dépravation se fait en raison de la nature du despote, et le plus dangereux est celui qui procède par la fourberie, le mensonge et ces mille artifices et piperies qui donnent de l'attrait à la servitude et la font tolérer.

Mores ad naturam tyranni adulterantur ; ille autem teterrimus erit qui artes innectit, subdolas, mendaces, omnimodo versutas et illecebrosas, quæ servitutem fucant et mentito colore venditant.

(1) Passage interpolé.

*[Speciosa verbis re inania aut sub-
dola : quantoque majore libertatis
imagine tegebantur, tanto eruptura
ad infensius servitium].* (1)

Les mauvais instincts ont bientôt saisi ces moyens qui leur sont offerts en exemple. Ils s'en emparent, ils s'y conforment, ils s'en recouvrent et peuvent désormais se livrer au crime, pourvu qu'ils évitent l'éclat.

Quicumque naturâ malus est hanc in medio propositam perscrutatur industriam, sibique aptat, et pari sub specie potest scelus omne admittere, dummodo, ex arte personatum, nimis non pateat.

* * *

Le plus grand crime de la tyrannie est de faire pâlir tous les autres crimes.

Tyrannidis maximum facinus, ab illà cetera omnia facinora obscurari.

* * *

Un filou devient un puissant qui a aussi ses favoris, qui dispense la fortune suivant son intérêt et pour le besoin du vol. Tout le monde le sait,

Furunculus quidam inter proceres evadit, qui asseclis suis (namque hic ipse asseclas suos habet) divitias dispertitur pro suo et furti commodo. Res est nota et notum omnibus hominem omnes verentur donec omnium bona exscidio ac ruinis dederit. Tunc etiam forum et jus hunc beatum lædere timent atque manus injectio differtur.

(1) Promesses spécieuses, mais en réalité ou vaines, ou perfides. Dehors trompeurs de liberté dont se couvrait la tyrannie pour éclater un jour avec plus de violence. (Citation interpolée par le traducteur.)

tout le monde le connait et on le respecte jusqu'à ce qu'il ait ruiné tout le monde. Et ce jour-là la justice et les juges n'osent pas mettre la main sur lui. Est-ce donc qu'ils doutent? non pas. Mais ils ne savent s'il n'y a pas là un des ressorts du despotisme et s'ils n'atteindraient pas le despote.

Num igitur obscura est causa? Minime; lex clamat; sed ibi forte aliqua latitat tyrannidis supellex, quam detexisse, seditiosum et tyranno grave.

***

Grâce au despotisme, on a su jusqu'où pouvaient aller la bassesse et la lâcheté.

Hominum turpitudo et infamia quo usque abire possent per tyrannidem innotuit.

***

Pour qui veut maintenir dans leur indépendance l'honneur, la vertu, la dignité, la conscience, il y a toujours un refuge dans la vie privée, fût-elle obscure ou misérable. Celui qui ne peut l'envisager ainsi sans peur est sans force pour sauvegarder le reste.

Volenti cuique integrè decus, virtutem, animi pudorem servare est privata vita receptaculo, utcunque illa obscuritate et miseriis versaretur, quam nisi impavidus valeas talem intueri ad ceteras res servandas imbecillus eris.

***

Le tyran dispose des biens, de la famille, de la religion ; il peut détruire des villes, en élever de nouvelles comme par enchantement ; il peut conquérir des provinces, des empires, il peut tout avoir, excepté le suffrage d'un homme de bien.

* *

Fonctions : on tend la main vers le pouvoir, on attend tout de lui et le despote favorise cette tendance qui lui livre les consciences et les tient subordonnées. — Il faut qu'il reçoive la leçon de Tibère lui-même : « *Secus omnes aliena subsidia expectabant, sibi ignavi, nobis graves.* » (1)

* *

Il y a d'honnêtes hommes qui ont un beau nom, de la fortune et du talent ; la considération publique les

(1) Tous ils comptaient sur les faveurs du prince, lâches à charge à eux-mêmes, à charge pour l'État.

Bona, res domesticas et familiares, religionem habet penes se tyrannus ; oppida delere , novaque , ut magus, condere, provincias et regna armis sibi parare, omnia tandem auferre sibi potest, præter viri boni suffragium.

* *

Supplices manus undecumque ad tyrannum porriguntur, omnia sperant singuli ab eo, et hanc petitionem ultro probat et incitat, quâ sibi traditos et submissos homines illicit, saltem ab ipso Tiberio monendus ut caveat : « Secus omnes aliena subsidia exspectabant, sibi ignavi, nobis graves. »

* *

Non desunt homines probi, præclaro nomine, opibus et ingenio pollentes, publico favore subnixi, quibus etiam, florente domo, liberi totius vitæ spes et blandimentum. Hos tamen tristes esse videas et re aliquâ viduos : ancil-

entoure, ils ont une famille, des en-
fants, espoir et caresse de toute la vie.
Ne voyez-vous pas qu'ils sont soucieux
et qu'il leur manque quelque chose?
Ils veulent être valets.

Les voilà qui sollicitent et implorent
la faveur du despote et s'abaissent si
bien qu'ils obtiennent enfin de s'avilir
encore.

* *

Il faut faire deux parts dans les ministres et les courtisans du despote : ou
des hommes vils et sans valeur, ou des
hommes de valeur, mais d'une valeur
qui s'avilit.

* *

Gens souples et retors qui vantent
hardiment leur honneur, leur loyauté.
N'essayez pas de les confondre, ils ont
pris leurs mesures et savent qu'on ne
répondra pas. Le seul avantage que

latum sibi appetunt. Euge, sollicitantes
tyranni aucupantur favorem , adeo de-
missi ut illis tandem liceat humiliori-
bus esse.

* *

Tyranni ministros et pedissequos
duas in classes distribuas, unam ex ho-
minibus qui sunt viles et sine pondere,
alteram autem pondus habentium, quod
vile fit.

* *

Versuti et veteratores sunt, qui audacter se fidos et honestos jactant ;
neque inficias ire velis namque omnia
circum bene composuerunt et certum
habent nullam sibi responsionem inter-

l'on ait sur eux, c'est qu'ils savent qu'ils mentent.

**

La morgue est la revanche de la bassesse.

**

Le pied plat méprise tout ce qu'il convoite, jusqu'à ce qu'il l'ait obtenu. Mais, à peine arrivé, il prend en pitié et dédain tout ce qu'il voit au-dessous de lui, et même le rang qu'il occupait la veille. Ne vous récriez pas. Il a raison et s'y connaît : il s'y voit encore.

**

Le tyran a une cour brillante, des ministres riches et puissants ; tout ce qui l'entoure est couvert d'honneurs et de distinctions. Un homme de bien

cessuram ; hoc tanem plus vales quod se ipsi sciant in te mendaces.

**

Turpis infamiam arrogantiâ compensat.

**

Nebulo quæcumque tacitus petit, donec assecutus fuerit, detrectat ; vix autem rerum potitus, infra se nihil atque suum etiam priorem statum nisi miserum atque contemptibile putat ; unde tibi non est mirandi locus ; namque bonus ille æstimator et judex, se nunc etiam ibidem reflexione videt.

**

Tyranni cohors splendida, opulenti comites necnon amplissimi ; omnis circa eum corona hominum fulgore et præmiis nitida ; si quem audiverunt

vient à mourir qui n'était rien, qui n'avait ni fonctions ni emplois, qui n'en aurait accepté aucuns. Les ministres et les puissants désertent la cour ce jour-là et se font honneur d'accompagner le cortége funèbre ; ils voudront être les premiers autour de celui qui les méprisait. Est-ce donc que la pudeur ne s'en va jamais toute entière, ou bien est-ce hypocrisie ? Dans les deux cas, c'est un hommage.

virum probum, qui privatus, nullo munere grandis, nullis honoribus decoratus fuerit, nec se decorandum ullis permisisset, heri mortuum , hodie jam efferendum, ministri omnes et proceres ex aulà principis egrediuntur et sibi honestum esse volunt quod exsequias comitentur, beati primum si teneant ordinem juxta eum qui vivus eos spreverat.

***

Quand le mal gouverne, il se fait la plus effroyable bande de brigands qui se puisse imaginer, et la plus puissante : l'armée, l'administration , la justice sont des instruments de meurtre, de vol et de pillage.

Imperante malo flagitiosum præter quod mente humanà concipi potest latrocinium contrahitur et potentissimum : cædis et furti rapinæque instrumenta fiunt militares homines, quique res publicas administrant vel judicia exercent.

***

Tristes temps où les honneurs sont sans honneur, les dignités sans dignité ! le sens moral est dévié, et c'en serait

Tristissima mehercle tempora quibus honores sine honore, indignaque dignitas. Disturbato atque perverso rerum

fait de la notion du bien si elle n'avait son refuge au foyer domestique. Voilà la grande excuse du cœur humain, parce qu'il trouve dans la famille un monde mille fois plus grand que le monde des dominateurs et des ambitieux, et qu'ainsi, pendant qu'ils passent, nous sommes encore au-dessus d'eux.

honestarum sensu, omne bonum jam-jam obliteratur ni privatis hominum laribus, tanquam in extremis suis adytis, receptum coleretur. Magna ea est mentis humanæ excusatio, quòd in promptu habeamus domi et in interiore familiâ mundum magis ac magis pulchrum quam dominatorum et ambitiosorum circulum eosque, dum transeunt, inde ex alto despiciamus.

***

Le mal a rencontré plus de bassesse qu'il n'en était besoin pour ses démarches.

Se obviam dedit vilitas hominum multo pressior quam malo fuerat ad usus necesse.

***

Le tyran méprise les hommes, et cela est juste puisque les hommes ont accepté le joug; — mais en même temps le tyran se juge lui-même.

Tyrannus homines fastidit nec immerito, namque illi jugum acceperunt; sed ipse simul se judicat.

Législateurs : On les appelle à délibérer sous la condition qu'ils approuvent; il y a en cela une franchise effrayante. Tibère voulut un jour prendre part au vote du Sénat, un seul parmi les sénateurs tenta de s'y opposer : « *Quo, inquit, loco, censebis, Cæsar? Si primus, habebo quod sequar, si post omnes, vereor ne impudens dissentiam.* » (1) Étrange fierté qui se targue même de la honte !

Dans toute assemblée se rencontre une majorité médiocre, débonnaire, indécise, en un mot le troupeau. Mais chez un peuple libre cette majorité a des chefs parce que l'honnêteté, l'expérience, la capacité ou le savoir ayant prépondérance, les médiocrités se voient entraînées à se grouper autour des hommes supérieurs, et ainsi elles s'accroissent d'une valeur qu'elles ne trouvent pas elles-mêmes. Il suit de là que les inconvénients de la médiocrité disparaissent et qu'elle ne subsiste que

Legum latores vocantur ad sententias in curiâ ferendas, dummodo probatores : hoc adeo nude et pure constituitur ut res sit terribilis. Quàdam die Tiberius voluit suffragari indiscretâ suâ inter senatores dignitate, cui unus eorum obstitit : « Quo, inquit, loco, censebis, Cæsar? Si primus, habebo quod sequar, si post omnes vereor ne imprudens dissentiam. » Mira animi contumacia quæ vel inter turpia emergit !

In omni concilio pars major vocatorum adest mediocris, benigna, incerta, gregaria; cui vero, si liberæ valeant leges, præsunt nonnulii, ob hoc quia honesta vita, atque eadem prudens et sapiens et docta si prævaleat, mediocres cogit ut circum meliores stipentur, et ii quum sint per se paucissimi, pluris esse possint.

Inde mediocritas ingenii prope nihil jam offendit, dum in eo tota est et perstat quod quosdam grandes et utiles viros accessione exornet numeri.

(1) A quel rang, dit-il, voteras-tu, César ? — Si tu votes le premier j'aurai sur qui me régler; si tu ne parles qu'après nous je crains d'être, sans le savoir, d'un autre avis que le tien.

pour compter, en s'adjoignant à ce qui est fort ou utile.

Sous le despotisme, les seules médiocrités se produisent, mais sans lien entre elles et sans appui ; livrées à elles-mêmes, elles ne comptent plus que comme médiocrités.

Comment elles se recrutent? de servilité et d'intrigue, et de cette honnêteté vaniteuse qui mesure le bien du pays à l'importance du rôle qu'elle joue ; bourgeois, résidu des libres assemblées, nobles et nobliaux jaloux de voir s'élever autour d'eux les courtisans et les trafiquants de toute espèce.

Le spectacle qu'ils donnent est d'une pauvreté que rien ne peut couvrir. Point de lien entre eux. Le lien du travail commun? il n'y a pas de travail. Le lien de l'opinion? il n'y a pas d'opinion. L'estime? chacun sentant qu'il est tenu d'obéir, méprise chez les autres l'humiliation que lui-même il subit. Est-ce le respect que les combattants ont l'un pour l'autre après la

Sub tyranno, mediocres ipsi et soli eminent, discreti tamen neque in solido ; inde universi non ad unum valent, sed quisque pro suâ parte quæ flocci est.

Quibus autem ex locis conscribuntur? Nomina dant sua homines obsequiosi et turbidi et alii forte honesti sed ventosi et patriæ bonum quoad ipsorum theatrali personæ concinnatur , exigentes, municipes viri, liberorum superstes coscessuum colatura, alii etiam e majoribus gentibus necnon minoribus patricii, qui animo haud facili vident aulicos et cujuslibet generis institores circumferri ipsisque æquari.

Scenæ ludus et chorus quem offerunt eorum pulpita pauperrimus neque hujus aliquid paupertatem tegeret. Inter eos nihil est quod religet partes. Quid? Labor communis? Nullus labor. Civilia vota? Civium placita nulla. Eorum inter se bona existimatio? Quisque, dum sentit se famularem agere vitam, ceterorum indignitatem cujus particeps tamen ipse, contemnit. Num ea illos

lutte? il n'y a pas de lutte. « Obéissez, obéissez encore, » voilà ce qu'on leur répète dans une formule implacable; on ne daigne même pas discuter avec eux. Et ils obéissent et ils méprisent ceux qu'ils voient obéir.

jungeret mutua hominum qui fortiter luctati sunt inter se reverentia? **Palœstra nulla est.** « Obediatur jussis atque iterum obediatur! » Hæc una neque semel neque dulciter formula **datur,** neque illi dantibus esse digni **videntur** qui plura audiant et aliqua **disceptent.** Obediunt igitur et contemnunt aliorum obedientiam, quam vident.

⁂

L'armée. — Corruption. — Gardes prétoriennes. — Réglementation. — Discipline. — Le tyran Loyola. — *Perinde ac cadaver* non plus en vue de Dieu mais en vue d'un homme. (1)

Militum corruptio, prætoriani præsidii mores, stolida disciplinatio. Quisque eorum perinde ac cadaver, necnon Dei, sed unius homunculi causà.

⁂

Il faut que le tyran efface tout autour de lui : — ainsi le génie sera sans prestige et l'héroïsme sans gloire. — Rien ne doit dépasser la mesure du despote, fût-il abject ou stupide.

Necesse est ut tyrannus circum se omnia deprimat; ita laus erit ingenii nulla, virtusque ingloria, cum tyranni modum, vel abjecti, vel socordis, excedere nemo debeat.

(1) Inexact quant au texte.

« Je sers mon pays et non pas l'homme. » — Triste accommodement et menteur sous un régime où tout dépend d'un homme.

« Non homini, sed patriæ miles inservio. » Sic fabulantur nec pulchre neque sine mendacio, rem, ut putant, honestaturi, quasi patrium regimen non esset tyranni præda.

CHAPITRE VII

COMMENT FINIT LE DESPOTISME.

Dans un pays où l'on respire la servitude avec la vie, la vie s'amoindrit chaque jour et les facultés s'éteignent peu à peu dans un équilibre funeste qui empêche de voir l'amoindrissement et ne laisse plus imaginer une autre sorte de vie.

Les destinées d'une nation sont donc en raison directe de la durée du despotisme. Une société se relève ou succombe selon que la tyrannie a duré

CAPUT SEPTIMUM

QUOMODO TYRANNIS FINEM HABEAT.

In eà regione quà servitutis una et vitæ spiritum eodem haustu rapias, vita in dies minuitur atque paulatim animi vigor exstinguitur, mole etiam, quod miseros fallit, permanente, non apparentibus damnis, neque ullà vitæ aptioris nascente ante oculos imagine.

Fata igitur populi ratione certà parique respondent tyrannidi, prout ea duraverit; nam civitas aut resurget aut penitus extenuabitur, utcunque tyran-

plus ou moins ; cela est une question de nombre. — Les générations qui ont vécu sous des institutions libres, disparaissent ou vieillissent et les générations nées sous le despotisme sont impuissantes à créer ce que les autres ont oublié ou laissé perdre. — Il faut se hâter.

Le fleuve peut grossir, déborder et causer de grands ravages, mais il y a toujours un moment où il rentre dans son lit et reprend son cours : c'est la loi des révolutions.

Le torrent se précipite, il s'élève un instant et renverse tous les obstacles, puis il se trouve un bas fond par où il s'écoule et disparaît : c'est la loi du niveau et c'est la loi du despotisme.

(1) On lit dans le *Contr'un* de La Boëtie : « Pauvres gents et misérables, » peuples insensés, nations òpiniastres » en vostre mal et aveugles en vostre » bien, vous vous laissez emporter » devant vous le plus beau et le plus

nis plus minus supererit ; hæc mathematicus homo numeris definiet. Excedunt hominum secula vel senescunt, qui florentibus legibus viguere, atque illis proxima, sub tyranno nata, non valent, virilitate ademptà , ut gignant quod priora desueverunt vel perdiderunt : itaque maturato opus est.

Si quem videris fluvium forte crescentem, et exundantem, et late secum omnia rapientem, tempus usque erit quo necessitate aliquà intra ripas revocatus in semet ipsum redibit ; lex eadem est excitis populi fluctibus.

Sese amnis dat præcipitem, unius horæ momento consurgit et objicibus ruptis exsuperat, donec vadosis voraginibus exceptus subterlabatur et hauriatur : sic pondus aquæ, sic tyrannis, ad æquilibrium ex lege rediguntur.

---

(1) Citation ajoutée par le traducteur.

» clair de vostre revenu, piller vos
» champs, voler vos maisons, et les
» dépouiller des meubles anciens et
» paternels! Vous vivez de sorte, que
» vous pouvez dire que rien n'est à
» vous; et semblerait que meshuy ce
» vous serait grandheur, de tenir à
» moitié vos biens, vos familles et vos
» vies : et tout ce degart, ce malheur,
» cette ruine, vous vient, non pas des
» ennemis, mais bien certes de l'en-
» nemy, et de celui que vous faictes si
» grand qu'il est, pour lequel vous allez
» si courageusement à la guerre, pour
» la grandeur duquel vous ne refusez
» point de présenter à la mort vos
» personnes.

» Celuy qui vous maistrise tant, n'a
» que deux yeulx, n'a que deux mains,
» n'a qu'un corps, et n'a autre chose
» que ce qu'a le moindre homme du
» nombre infiny de vos villes; sinon
» qu'il a plus que vous touts, c'est
» l'advantage que vous lui faictes pour
» vous destruire. D'où a-il prins tant
» d'yeulx; d'où vous espie-il; si vous
» ne les luy donnez? Comment a-il
» tant de mains pour vous frapper, s'il
» ne les prend de vous? les pieds dont
» il foule vos citez, d'où les a-il, s'ils

» ne sont des vostres? Comment a-il
» aulcun pouvoir sur vous que par
» vous aultres mesmes? Comment vous
» oserait-il courir sus, s'il n'avait in-
» telligence avecques vous? Que vous
» pourroit-il faire, si vous n'estiez
» recéleurs du larron qui vous pille,
» complices du meurtrier qui vous tue
» et traistres de vous-mesmes? Vous
» semez vos fruits, afin qu'il en face
» le degart; vous meublez et rem-
» plissez vos maisons pour fournir à
» ses voleries; vous nourrissez vos
» filles, afin qu'il ayt de quoy saouler
» sa luxure; vous nourrissez vos en-
» fants, afin qu'il les mène pour le
» mieulx qu'il face, en ses guerres,
» qu'il les mène à la boucherie, qu'il
» les face les ministres de ses convoi-
» tises, les exécuteurs de ses ven-
» geances; vous rompez à la peine vos
» personnes afin qu'il se puisse mi-
» gnarder en ses delices, et se veautrer
» dans les sales et vilains plaisirs; vous
» vous affoiblissez afin de le faire plus
» fort et roide à vous tenir plus courte
» la bride : Et de tant d'indignitez que
» les bestes mesmes ou ne sentiroient
» point ou n'endureroient point, vous
» pouvez vous en délivrer, si vous
» essayez, non pas de vous en délivrer,

» mais seulement de le vouloir faire.
» Soyez résolus de ne servir plus, et
» vous voylà libres. Je ne veulx pas
» que vous le poulsiez, ny le bransliez ;
» mais seulement ne le soubstenez

» plus : et vous le verrez, comme un
» grand colosse a qui on a desrobbé
» la base, de son poids mesme fondre
» en bas, et se rompre. »